Juan Andrés Camargo

Berger, Ulrike
 El taller de los experimentos / Ulrike Berger ; traductor Marta
Kovacsics ; ilustraciones Detlef Kersten. -- Bogotá :
Panamericana Editorial, 2008.
 112 p. : il. ; 24 cm.
 ISBN 978-958-30-2816-8
 1. Experimentación científica 2. Experimentos - Enseñanza
elemental 3. Ciencia recreativa I. Kovacsics, Marta, tr.
II. Kersten, Detlef, 1948-   , il. III. Tít.
I372.35 cd 21 ed.
A1155239

 CEP-Banco de la República-Biblioteca Luis Ángel Arango

Primera edición en Panamericana Editorial Ltda., abril de 2008

©Panamericana Editorial Ltda.
Dirección editorial: Conrado Zuluaga
Edición en español: César A. Cardozo Tovar
Traducción: Marta Kovacsics
Calle 12 No 34-20 Tels.: 3603077-2770100/Fax: (57 1) 2373805
panaedit@panamericana.com.co
Bogotá D.C., Colombia

ISBN: 978-958-30-2816-8

©2006 Family Media GmbH & Co. KG, Freiburg i. Br.
Título original: Die Experimente-Werkstatt

Texto y redacción: Ulrike Berger
Ilustraciones: Detlef Kersten
Foto de carátula: Christoph Schmotz
Fotos por Christoph Schmotz
Otras fotos: Ulrike Berger (26, 102, 104); dpa (12, 28); EyeWire (88); Thomas Herkert
(74); Michael NOAA (98); Photodisc (32, 42, 66, 84, 94); Rhode (36, 40, 52);
Christoph Schmotz (54); reinhard Wilde (20, 58); www.istockphoto.com (8, 10, 14,
16, 18, 22, 24, 30, 34, 38, 46, 48, 50, 56, 60, 62, 64, 68, 70, 72, 76, 78, 80, 82, 86, 90, 92,
100, 106); Okapia (44)

Impreso por Panamericana Formas e Impresos S.A.
Calle 65 No. 95-28 Tels.: 4302110-4300355. Fax: (57 1) 2763008
Bogotá D.C., Colombia
Quien sólo actúa como impresor.

Impreso en Colombia   Printed in Colombia

El taller de los experimentos

50 experimentos sorprendentes

El taller de los experimentos

50 experimentos sorprendentes

PANAMERICANA
EDITORIAL

Contenido

¿Caliente o frío?

Necesitas:

- Un recipiente con agua caliente
- Un recipiente con agua fría
- Un recipiente con agua tibia

Sumerge una mano en el agua fría y la otra en el agua caliente. Espera por lo menos un minuto. Ahora sumerge las dos manos en el recipiente con agua tibia.

¿Qué sucede?

A pesar de que ambas manos estén en el mismo recipiente, una mano piensa que el agua está caliente y la otra que está fría. La razón es que cada una de las manos se acostumbró a distintas temperaturas del agua y al sumergirlas en el recipiente con agua tibia, sólo sienten si el agua está más fría o más caliente que la anterior.

Una ducha fría

Sumergirse en la piscina la primera vez puede ser una experiencia "helada". Pero si te duchas con agua fría antes de entrar, sentirás que el agua de la piscina está más caliente.

Ves, si te hubieras duchado antes, ¡no te estarías congelando ahora!

El dinero verde

Necesitas:

- Un plato
- Un limpión
- Una moneda brillante de cobre
- Vinagre

Sumerge un limpión en vinagre y pon la moneda encima. Espera algunas horas y vuelve a observar la moneda.

¿Qué sucede?

El vinagre, o más exactamente el ácido acético, reacciona con el cobre y se obtiene el acetato de cobre, también llamado cardenillo.

Las puntas de las torres de las iglesias

Algunas veces se ven los techos de las torres un poco verdosos, esto se conoce como "pátina".
En este caso, el cobre reaccionó con el dióxido de carbono. Esta pátina es carbonato de cobre y en realidad es buena porque protege de daños climáticos.

> ¿Pero por qué le ponen cobre al techo, si igual va a cambiar de color y se va a poner verde?

10

La serpiente bailarina

Necesitas:
- Una hoja de papel
- Hilo
- Lápices de colores

Recorta una espiral de papel y píntala de varios colores, como una serpiente. Cuélgala con el hilo sobre un lugar caliente como la calefacción o el televisor.

¿Qué sucede?
El aire caliente sube, ¡la espiral gira!

Los congeladores

En los supermercados encuentras unos congeladores llenos de pizzas, helados y otros alimentos congelados. En ocasiones, estos tienen una tapa. En realidad, esa tapa es innecesaria porque el aire frío ¡nunca sube!

La imagen sobre la regla

Necesitas:
- Un proyector de diapositivas
- Una pantalla
- Una regla bien larga

Instala la pantalla en el centro del cuarto y señala el sitio exacto en el piso con cinta de enmascarar. Luego proyecta una diapositiva sobre la pantalla de manera que se vea muy nítida en ella. Ahora quita la pantalla y párate justo en el sitio donde esta estaba antes y mueve la regla continuamente de arriba abajo.

¿Qué sucede?
Sobre la regla sólo se puede ver un pedacito de la imagen, pero si la mueves muy rápido alcanzarás a verla toda.

¿Cómo funciona el televisor?

La imagen de una televisor recorre 625 renglones hacia abajo con tal rapidez que uno cree que está viendo una imagen completa. En realidad, el cerebro une las bandas que ve y las presenta como una sola imagen.

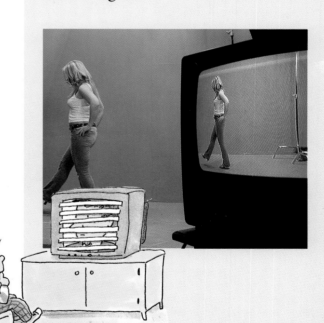

14

Una avalancha de arena

Necesitas:
- Mucha arena

Construye con arena húmeda una montaña dejando las laderas bien apretadas. Luego trata de ponerle arena seca.

¿Qué sucede?
Puede funcionar durante un tiempo, pero inesperadamente comienza a escurrirse la arena seca y hala todo el resto consigo: ¡es una avalancha!

Peligro de avalancha

Por lo general, las avalanchas suceden en las laderas. Primero hay una capa de nieve vieja y siempre le cae nieve fresca encima. Con el tiempo, las nuevas capas de nieve se vuelven más pesadas y basta una mínima sacudida para que el cúmulo de la capa de nieve fresca se desprenda. Así toda la nieve empieza a rodar hacia el valle.

Conductos largos

Necesitas:
- Tinta o colorante rojo natural para alimentos
- Un tallo de apio
- Un vaso

Llena el vaso con agua y agrégale el colorante. Luego sumerge el tallo de apio. Observa lo que sucede después de un par de horas.

¿Qué sucede?
Corta el tallo. ¿Ves los puntitos rojos? Son los conductos de agua del tallo.

Nuestros conductos sanguíneos

Nuestra sangre también fluye por "conductos". El corazón es el que "bombea" la sangre. Puedes reconocer esto con facilidad si miras las manos de un anciano y las de un joven.

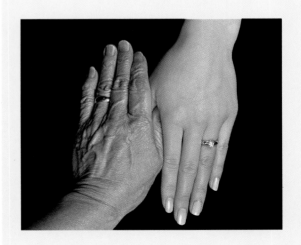

La manguera cantante

Necesitas:
- Un tubo plástico flexible

Gira el tubo en círculo, primero despacio luego cada vez más rápido.
¿Cuántos sonidos alcanzas a distinguir?

¿Qué sucede?
Cuanto más rápido gires el tubo, conseguirás tonos más agudos. No son tonos al azar, es la tónica y los llamados armónicos. Da igual quién agite el tubo, siempre van a emitirse los mismos tonos. Si usaras otro tubo, ese sí emitiría tonos distintos.

Una cuerda, muchos tonos

Las cuerdas también emiten los armónicos. Por ejemplo, si tú tocas la cuerda de una guitarra justo en la mitad (cuidado, ¡sin oprimirla!), se oye uno de los agudos, el primero de todos los armónicos.

¡Más rápido!

20

La montaña de agua

Necesitas:
- Un vaso de agua
- Muchas monedas

Llena el vaso hasta el borde, con agua. Luego introduce muy lentamente una moneda tras otra.

¿Qué sucede?

Las diminutas partículas del agua están densamente pegadas sobre la superficie; tan apretadas, que parecen una red que sirve de revestimiento. Esta "piel" es tan fuerte, que el agua no puede desbordarse. Por esto, el agua se va arqueando como una montaña en el vaso.

Una "bomba acuática"

¿Alguna vez has saltado a una piscina encogiéndote y cayendo sobre el trasero? La caída suena con tanto estrépito porque saltaste con gran impulso y el impacto rompió la "piel" del agua.

22

Huevos potentes

Necesitas:
- Varias cáscaras de huevo, partidas por la mitad
- Libros

Arregla las cáscaras de manera que los bordes queden lisos y parejos. Luego, ponlas con el borde hacia abajo sobre la mesa. Ahora colócales los libros encima. ¿Cuántos libros puedes ponerles encima, sin que las cáscaras se rompan?

¿Qué sucede?
Es increíble la cantidad de libros que puedes poner encima de las cáscaras. ¡Son muy fuertes! Pero apenas pinches una cáscara desde adentro, esta se rompe de inmediato.

> Pues realmente no sé si está petrificada o no, pero yo sí oí piar...

Una casa segura

Cuando una gallina pone huevos, estos no se rompen ni muy rápido ni muy fácil. La gallina tiene que empollarlos y los huevos deben aguantar el peso de su madre. Sin embargo, es muy sencillo cuando el polluelo debe salir, porque desde adentro la cáscara se rompe fácilmente.

La gran prueba del imán

Necesitas:

- Un imán de herradura
- Objetos del hogar
  (sujetapapeles, esferos, etc.)

Prueba con los distintos materiales.
¿Qué es atraído por el imán? Puedes
probar también con las chapas de las
puertas, con la puerta del refrigerador,
etc.

¿Qué sucede?

No es tan fácil adivinar de antemano
qué es atraído por el imán. La mayoría
de las veces son objetos que contienen
hierro o acero.

La puerta del refrigerador

En el marco de la puerta del refrigerador se encuentra un imán.
Por esto, cuando la puerta se
cierra, siempre queda sellada.
Algunas puertas se decoran, en
ocasiones, con objetos con imanes
que sirven para dejar mensajes o
información.

26

Una moneda perezosa

Necesitas:
- Un vaso
- Un naipe
- Una moneda

Pon el naipe con la moneda encima, sobre el vaso. ¿Puedes dejar caer la moneda en el vaso, sin tocarla? Sólo tienes que quitar el naipe muy rápido, de un solo halón.

¿Qué sucede?

Al quitar el naipe muy rápido y de un solo halón, la moneda no se afecta con ese movimiento. La moneda es "perezosa", es decir, estamos hablando de la inercia. Entonces, la moneda necesita un "tiempito" para ponerse en movimiento. Pero cuando eso sucede ya es muy tarde, porque ya no está el naipe, y la moneda inevitablemente cae en el fondo del vaso.

¡A sujetarse!

Todos los cuerpos son perezosos, eso lo descubrió el científico Isaac Newton. Por eso te vas para atrás cuando el bus arranca. Es muy importante que te sujetes bien en los buses.

¡Voy a ver si el truco también funciona con la abuelita!

El globo imposible

Necesitas:
- Una botella de plástico
- Un globo
- Un pitillo

Mete el globo en la botella e intenta inflarlo.

¿Qué sucede?

La botella está llena de aire que presiona contra el globo. No importa lo fuerte que soples, no podrás inflar el globo. Pero si introduces un pitillo en la botella, al lado del globo, el aire de la botella se puede escapar y así puedes inflar el globo.

Presión en los oídos

En un ascensor, puedes sentir presión en los oídos: el cambio de altura modifica la presión del aire en el ascensor. En tu oído hay una cámara llena de aire, llamada oído medio. La presión hace que esa cámara quiera extenderse o retraerse, pero no puede porque no hay espacio y duele mucho. La opción es abrir bien la boca, hasta que suene la mandíbula; así se abre el canal de aire. Algo similar pasa con el pitillo del experimento.

¡Da lo mismo si es correcto o no, así no funciona!

Arvejas saltarinas

Necesitas:
- Arvejas secas
- Un vaso de agua
- Un plato

Llena el vaso con las arvejas secas y vierte agua en él. Luego pon el vaso sobre el plato y espera.

¿Qué sucede?

Las arvejas absorben el agua y crecen. Por esta razón ya no caben todas en el vaso y comienzan a caer en el plato.

Semillas invernando

Los granos si que saben invernar. Pueden almacenarse durante meses, hasta por años, pero siempre en lugares secos. Apenas entren en contacto con el agua, comienzan a hincharse y a brotar. Por eso son tan sanos los granos brotados en el muesli, porque liberaron las sustancias nutritivas.

Ya te devuelvo las arvejas, es que las necesito para un programa audiovisual.

32

¿Cuántas puntas?

Necesitas:
- Dos lápices
- Cinta pegante

Pega los dos lápices, uno al lado del otro con la cinta pegante. Luego tápale los ojos a tu amigo o amiga. Tócalo en distintas partes del cuerpo, como el brazo, la palma de la mano, la planta del pie, los labios, la espalda, etc., con una o con las dos puntas de los lápices. Déjalo que adivine si lo estás tocando con una o con las dos puntas.

¿Qué sucede?
Las distintas partes del cuerpo se comportan diferente respecto al tacto. Tu amigo o amiga sabrá sólo en muy pocas partes si lo tocaste con las dos puntas.

La escritura para ciegos: el braille

Los ciegos tienen una escritura propia, que consiste en pequeños puntitos. Ya que la yema de nuestros dedos es tan sensible, los ciegos pueden, con algo de entrenamiento, sentir claramente la composición de los puntos.

Qué raro, algo me está picando...

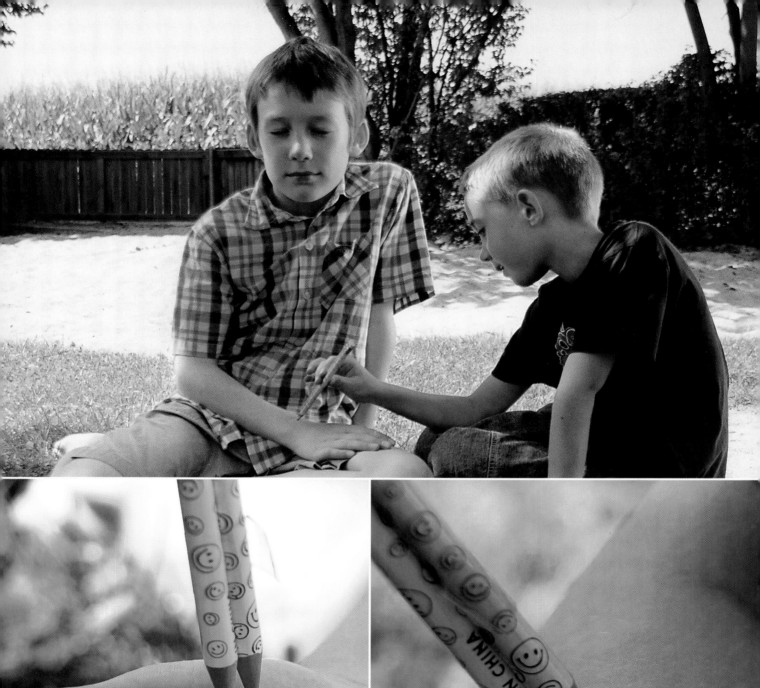
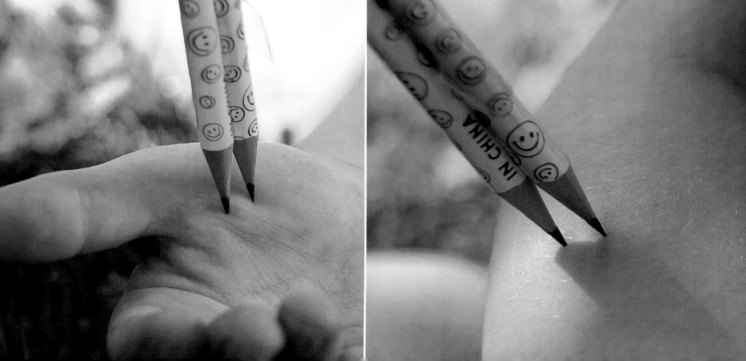

Un nudo de agua

Necesitas:
- Una lata desocupada
- Un clavo grueso

Haz en la parte inferior (a un centímetro del borde inferior) de la lata 5 agujeros (utilizando el clavo). ¡Déjate ayudar con esta tarea! El espacio entre cada agujero debe ser de unos 2,5 centímetros. Pon luego la lata debajo de una llave de agua y vas a ver que de cada agujero va a salir agua; ahora pasa la mano por los agujeros.

¿Qué sucede?
Las partículas del agua se pegan y los cinco chorros se vuelven ¡uno solo!

¿Por qué las gotas son redondas?

Las diminutas partículas del agua se atraen como magnetos. Apenas están juntas, ya no se quieren volver a separar. Eso forma la llamada "tensión superficial", que también conocemos como "piel" del agua. Gracias a esta piel, las gotas son redondas.

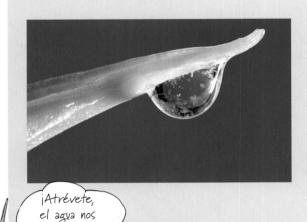

¡Atrévete, el agua nos aguanta!

Un velero de imán

Necesitas:

- Un imán fuerte (por ejemplo, el de un viejo parlante)
- Una aguja e hilo
- Papel de seda

Dobla un pedazo pequeño de papel de seda (ver fotografía) y atraviésale una aguja. Sostén a este "velero" con el hilo y la aguja pegada al imán. Comienza a alejar lentamente la aguja del imán. ¿Hasta dónde puedes halar sin que el "velero" se caiga?

¿Qué sucede?

El campo magnético actúa también a determinada distancia del imán. Cuanto más fuerte el imán, más grande es el campo magnético y más puede ser distanciado el "velero".

¡Funciona!

Marcapasos

En un entorno de corrientes de energía, por ejemplo cerca de una subestación eléctrica, se producen campos magnéticos. Las personas que llevan marcapasos en su cuerpo deben tener cuidado. El campo magnético puede ser tan fuerte, que podría afectar al marcapasos y sacarlo de su "ritmo".

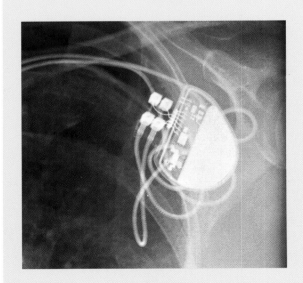

Estar como en las nubes

Necesitas:

- Un secador (de pelo) que funcione bien
- Una pelota de pimpón
- Un rollo de papel higiénico

Sostén el secador con la apertura hacia arriba y ponlo a funcionar; luego pon con mucho cuidado la pelota en la corriente de aire caliente. Este efecto es aún mayor si prolongas el cuello del secador con el rollo de papel higiénico.

¿Qué sucede?

La pelota de pimpón flota en el aire gracias a la corriente de aire caliente.

¿Por qué flotan las nubes?

El aire caliente siempre sube. Así se forman las corrientes de aire caliente. Las gotitas que componen las nubes son sostenidas por estas corrientes de aire. Sólo cuando las gotas se vuelven muy pesadas caen como lluvia a la tierra.

40

¡Para arriba!

Necesitas:

- Un cartucho vacío de un rollo fotográfico (puedes decorarlo como si fuera un cohete)
- Polvo efervescente (carbonato sódico)

Échale agua al cartucho hasta la mitad; agrégale una cucharadita de polvo efervescente y luego cierra inmediatamente el cartucho con la tapa. Después, invierte el cartucho y aléjate rápido unos pasos. ¡Sólo puedes hacerlo afuera, en el jardín!

¿Qué sucede?

Al disolverse el carbonato sódico en el agua se forman burbujas: dióxido de carbono. Este gas requiere mucho espacio. En el cartucho se forma una gran tensión y, de pronto, la tapa es presionada hacia abajo y el cartucho vuela por los aires.

¡Feliz Año Nuevo!

Una botella de champaña también contiene mucho dióxido de carbono. Por seguridad, el corcho se refuerza con un alambre. Apenas se retire el alambre y se suelte un poco el corcho, este sale disparado y estrépitosamente.

¿Qué crees, cuántas botellas deberíamos abrirles a nuestros papás?

42

El truco con el doblez

Necesitas:

- Un pitillo
- Un vaso de agua
- Un poco de aceite de mesa

Introduce el pitillo en el vaso y obsérvalo por el lado. Luego agrégale con cuidado un poco de aceite; vas a ver que este se queda arriba. Obsérvalo nuevamente. ¿Cómo se ve el pitillo ahora?

¿Qué sucede?

En el vaso se encuentran ahora dos "límites" distintos: uno entre el aire y el aceite y otro entre el aceite y el agua. En cada uno de los límites la luz es interrumpida o "refractada", como dicen los científicos. Por esta razón, vemos como si el pitillo estuviera doblado.

Pez arquero con puntería

Los peces arquero que habitan el sudeste de Asia cazan insectos a través de una chorro de agua que lanzan con puntería increíble. Ellos tienen que aprender que su presa no está donde se ve "bajo el agua", sino como si estuviera "doblando la esquina". Los peces jóvenes tienen que aprender a ¡mirar "bien"!

Creo que estás necesitando unas gafas.

44

El genio de la botella

Necesitas:
- Polvo de hornear
- Vinagre
- Una botella pequeña
- Un globo

Vierte 100 ml de vinagre en la botella. Luego, con un émbolo, añade el polvo de hornear al globo y ponlo en el cuello de la botella.

¿Qué sucede?
Muy pronto, el polvo de hornear comienza a reaccionar con el vinagre y se forma el gas llamado dióxido de carbono. Eso puedes verificarlo al ver que la mezcla comienza a hacer espuma. Cada vez se forman más y más burbujas que lentamente suben y hacen que el globo se infle.

Pastel delicioso y "gaseoso"

Al hornear un pastel también se forma dióxido de carbono, pues le agregamos polvo de hornear. La masa es inicialmente compacta, pero el gas la "hala" hacia arriba y forma espacios vacíos que hacen que el pastel se sienta suelto y delicioso.

Creo que este pastel va a explotar...

¡El ácido conserva!

Necesitas:
- Un limón
- Una manzana
- Dos platos

Parte la manzana en pedazos y repártela en los dos platos. Exprime el limón y moja sólo uno de los platos. Debes bañar muy bien cada uno de los pedazos con el jugo de limón. Deja que las manzanas reposen en los platos durante dos horas.

¿Qué sucede?

Al partir la manzana, su interior queda en contacto con el oxígeno. La fruta se oscurece. Pero si le aplicamos ácido (jugo de limón), este no permite el contacto con el oxígeno y los pedazos bañados en él no se oscurecen.

Productos acidificados

¿Te gusta el pesto, ese revuelto de hierbas que uno le pone a las pastas? Revisa la etiqueta de los ingredientes y por lo general encontrarás un acidulante. Este producto te garantiza que el pesto siempre esté fresco y se vea muy verde. De otra manera la superficie se vería de un color café poco agradable.

¡Esto sólo se ve tan crujiente y fresco porque está ácido!

48

¡Todo gira!

Necesitas:

- Un taladro
- Cartulina
- Una hoja con una espiral dibujada
- Pegante

Corta la cartulina en círculo y pega la hoja con la espiral dibujada sobre esta. Luego asegura la cartulina con bastante pegante sobre el taladro. Pon a funcionar el taladro y mira la cartulina por lo menos durante 30 segundos en el centro de la espiral. Ahora mira rápidamente sobre el dorso de la mano.

¿Qué sucede?

¡Parecería que el dorso de tu mano se estuviera moviendo! A veces se acerca o a veces se aleja… ¡es muy misterioso!

Viaje en carrusel de sillas

Cuando te bajas de un carrusel de sillas, todo sigue moviéndose. Tus ojos están cansados y aturdidos y se demoran un poco en acostumbrarse al entorno, que no está en movimiento.

¡Dios mío y cómo se mueve!

50

El vaso mágico

Necesitas:
- Un vaso de agua
- Una tarjeta o postal

Llena el vaso hasta el borde con agua; el borde también debe quedar húmedo. Luego, ponle la tarjeta encima y voltea rápidamente el vaso. Siempre es mejor hacer esto sobre el lavamanos o fuera de casa. Después de tener el vaso boca abajo suelta la tarjeta.

¿Qué sucede?
¡El agua no se sale! El aire presiona desde abajo con mucha fuerza contra la tarjeta y así la sostiene.

¿Por qué bailan los copos de nieve?

El aire no sólo nos presiona desde arriba, está siempre a nuestro alrededor. Esto lo compruebas cuando caen los copos de nieve. Los copos no caen ni rápido ni derecho, se deslizan sobre las masas de aire y llegan bailando al piso.

¡Nunca desfallecer, siempre hacer presión!

Un órgano de agua

Necesitas:
- Varios vasos (ojalá de cristal o de paredes muy delgadas), todos, menos uno, con agua

Haz sonar los vasos con un leve toque. Intenta también frotar el borde del vaso con el dedo húmedo. ¿Cuál suena más agudo, cuál más grave? Claro que lo que mejor suena son las copas de vino (pero primero pregúntales a tus papás).

¿Qué sucede?
Al tocar los vasos, lo que realmente vibra es el vidrio. Sin embargo, el agua en los vasos frena la onda. Es decir, si hay un vaso con mucha agua, sonará más grave.

Voces bajo el agua

¿Alguna vez has intentado hablar bajo el agua? Tu voz sonaría bastante grave, ya que el agua hace más lentas las ondas sonoras. Por eso, tu voz se oscurece.

¡No sólo es muy guapo, también tiene una voz grave maravillosa!

54

El volcán de arena

Necesitas:
- Un cartucho vacío de un rollo fotográfico
- Un frasco pequeño con tapa
- Polvo de hornear
- 100 ml de vinagre
- Colorante natural, rojo

Construye una montaña de arena y entierra el cartucho vacío en la punta de esta. Llena el cartucho con el polvo de hornear. Mezcla el vinagre con el colorante en el frasco. Ahora vierte este líquido en el cartucho, con mucho cuidado.

¿Qué sucede?
El vinagre reacciona inmediatamente con el polvo de hornear. Empieza entonces a salir espuma y de pronto ¡brotan arroyos rojos y se esparcen sobre la montaña!

La erupción de un volcán

Cuando un volcán hace erupción, un revuelto de rocas y líquido sale a presión desde abajo hacia la superficie. Esta mezcla se llama magma, siempre y cuando se encuentre aún bajo la tierra. La masa hirviente que baja a los valles se llama lava.

¡Oye, deja de escupir tanto!

56

¿De dónde viene el sonido?

Necesitas:
- Un tubo plástico flexible
- Una cuchara

Sostén el tubo plástico de manera que ambas puntas queden sobre tus oídos. Luego, tu amigo o amiga se pone detrás de ti y golpea el tubo con la cuchara. ¿Puedes distinguir dónde tocó el tubo?

¿Qué sucede?

El ruido que resulta del golpe se traslada por el tubo hasta tu oído. Sin embargo, uno de los caminos es más largo que el otro. Tú te puedes dar cuenta de esta diferencia en el tiempo. Por tanto, sabes perfectamente de dónde proviene el golpeteo.

¿Eres tú, Germán?

¿Por qué tenemos dos oídos?

Nuestro cerebro puede realizar maniobras de máxima calidad. Cuando un sonido es percibido por ambos oídos, el cerebro puede reconocer una diferencia en el tiempo de hasta 0,2 milisegundos. Así que el cerebro puede perfectamente calcular de dónde viene un sonido. ¡Es decir, con nuestros oídos podemos percibir sonidos que vengan de distintos lugares!

La famosa prueba del huevo

Necesitas:
- Un huevo crudo
- Un huevo cocido

¿Cómo puedes saber cuál es el huevo cocido y cuál el crudo? Coloca ambos huevos sobre la mesa y gíralos al tiempo y suavemente.

¿Qué sucede?

El huevo cocido se mueve inmediatamente. El huevo crudo necesita algún tiempo para ponerse en movimiento, ya que la clara de huevo está en inercia y al comienzo no se mueve. El huevo crudo gira un poco y muy pronto se detiene.

Mira, así también puede funcionar el truco, simplemente los dejas caer y...

¿Por qué te mareas?

El sistema de equilibrio del ser humano está en su oído. Ahí se encuentran una mangueritas en forma de anillos, llenas de agua. Si giras con fuerza, ese líquido se impulsa. Al parar, el líquido sigue moviéndose, por tanto tu oído aún te está dando la señal de que "algo se mueve", pero tus ojos te dicen: "Ya todo está quieto". La consecuencia de este caos: te mareas.

El miniinvernadero

Necesitas:
- Un recipiente con tierra para plantas
- Alguna semilla que crezca rápido (arvejas)
- Un frasco

Reparte homogéneamente las semillas por todo el recipiente y presiónalas un poco dentro de la tierra. Ahora pon el frasco boca abajo en la mitad del recipiente y colócalo cerca de una ventana al sol. No olvides regarlo.

¿Qué sucede?

El sol calienta el aire del entorno y el aire bajo el frasco. Como el aire del frasco no cambia y no le llega aire fresco y más frío, hace mucho calor dentro del frasco. Las plantas necesitan calor para crecer, por tanto, las semillas que están bajo el frasco crecen más rápido que las del resto del recipiente.

Fresas en invierno

Todos los invernaderos trabajan según este principio del calor. Por eso podemos comer en invierno las frutas y verduras que sólo podríamos comer en verano.

Mami, ¿por qué no pones al bebé en el invernadero? Así crecería más rápido.

Una lupa de agua

Necesitas:

- Una tarjeta o una postal
- Una hoja de acetato
- Cinta pegante

Corta la tarjeta en forma de lupa. En la mitad hazle un agujero. Sobre el agujero pega un trozo de acetato y déjalo bien estirado. Deja caer con mucho cuidado unas gotas de agua sobre el acetato, hasta que se forme un montículo. Ahora trata de leer un periódico a través de esta lupa con gotas de agua.

¿Qué sucede?

La gota funciona como una lupa y todas las letras ¡se ven mucho más grandes!

Oye, ¿quieres ver una hormiga monstruo?

¡Prohibido regar las flores!

Precisamente porque las gotas de agua son como una lupa, no se pueden regar las flores en verano o cuando hace mucho sol, porque los pétalos, sobre los que cae el agua, son quemadas por el sol que atraviesa esas lupas de agua.

gotas de agua sobre el acetato, hasta que

me un montículo. Ahora trata de leer un periódico a
de esta lupa con gotas de agua. La gota fnciona como
pa y todas las letras ¡se ven mucho más grandes!
ido regar las flores! cisa
no una lupa, no se gotas de agua
hace mucho sol verano o
son quemada que cae
rta la tarjeta s de
Sobre el ag e un
rado. Deja jalo
e el acetato, s de
er un periódi hora
ta funciona com s de
s grandes!¡Prohibido en
gotas de agua son como una
res en verano o cuando hace n
sobre los que cae el agua, son quer
a esas lupas de agua. Deja caer
s gotas de agua sobre el acetato, ha

Patos enamorados

Necesitas:

- Un corcho
- Dos alfileres
- Un vaso o un plato hondo con agua
- Un imán
- Papel de colores
- Pegante

Corta dos rodajas del corcho. ¡Permite que te ayuden en esta labor! Sobre cada una de las rodajas, coloca dos patitos previamente recortados del papel. Luego, frota los alfileres en el imán, siempre en la misma dirección y pégalos en cada uno de los corchos. Ahora pon las rodajas de corcho con los patos y alfileres sobre el agua.

¿Qué sucede?

Los alfileres se volvieron pequeños imanes. Por este motivo, los patos nadan el uno hacia el otro, atraídos mutuamente. Las posiciones pueden variar: cola con cola, cabeza con cola o cabeza con cabeza.

La brújula

La brújula contiene un líquido en el que una aguja imantada puede moverse libremente. Esta aguja se desplaza a lo largo del campo magnético terrestre: en dirección Norte o Sur. Lo mismo sucede con los patos.

El bote aerodeslizante

Necesitas:
- Un vaso plástico
- Un recipiente transparente

Corta el fondo del vaso. En la tapa del envase corta un círculo del tamaño exacto del vaso para que este encaje. ¡Permite que te ayuden! Ahora comienza a soplar dentro del vaso.

¿Qué sucede?
El aire trata de escaparse del envase y alza el "bote". Si quieres, construye otro bote aerodeslizante y ¡organiza una carrera!

Hovercrafts

Los botes aerodeslizantes, también llamados Hovercrafts, son los únicos vehículos en el mundo que se pueden mover igual de rápido en el agua o en la arena. Estos deslizadores alcanzan los 130 km por hora sobre sus "cojines".

68

¡Secreto, secreto!

Necesitas:
- Un limón
- Un pincel o una pluma de escribir
- Una plancha
- Papel

Exprime el limón, unta con el zumo el pincel o la pluma y escribe sobre el papel un mensaje secreto. Entre líneas, escribe con un esfero cualquier texto sin importancia. Al pasar la plancha caliente con cuidado sobre el papel, puedes volver legible el mensaje secreto.

¿Qué sucede?
El zumo de limón se carboniza con el calor más rápido que el papel. Por eso, las partes escritas con el zumo se oscurecen primero y el papel no se alcanza a quemar.

La famosa tinta secreta

Muchos reclusos utilizan este truco para escribir mensajes desde la prisión o enviárselos a otros reclusos. Sin embargo, en vez de plancha usan velas.

Este nuevo recluso no hace más que pedir limones...

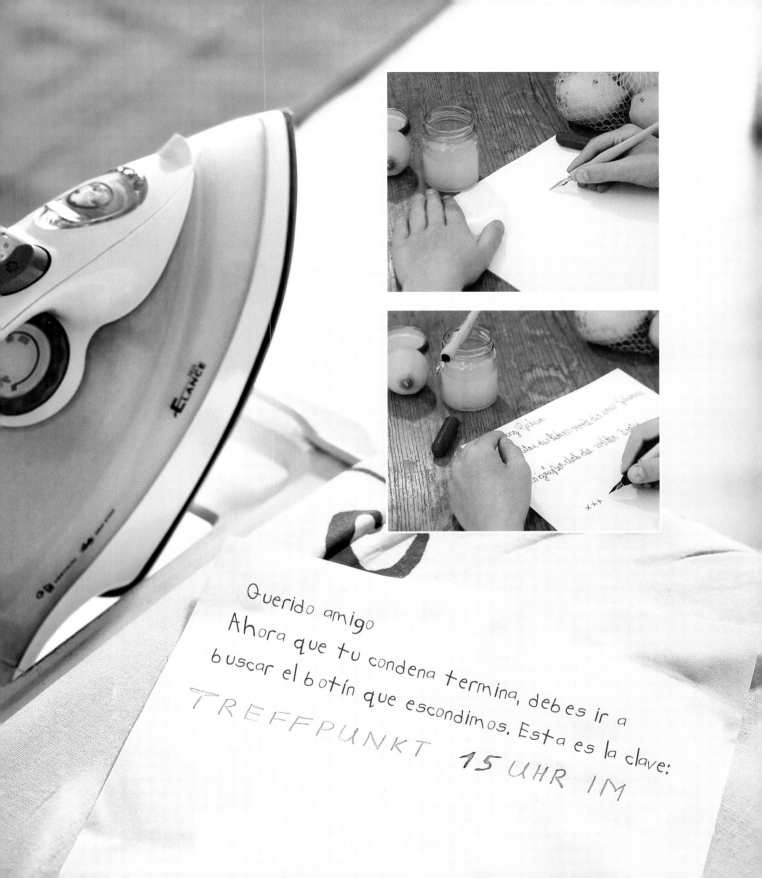

Querido amigo
Ahora que tu condena termina, debes ir a
buscar el botín que escondimos. Esta es la clave:
TREFFPUNKT 15 UHR IM

Pelos voladores

Necesitas:
• Un globo

Primero frota el globo en un suéter de lana; luego, acércalo a tu cabeza. El experimento resulta aún mejor si tienes el pelo recién lavado.

¿Qué sucede?
Al frotar fuertemente el globo contra el suéter de lana se sustraen los electrones. El globo se carga positivamente y ahora puede atraer tus pelos "neutros", ¡como si fuera un imán!

Un problema "peludo"

Las personas de pelo liso y delgado tienen problemas con el peinado cuando hace mucho frío o justo antes de una tormenta.
El pelo se carga eléctricamente, pues el aire está cargado gracias a la tormenta.
El pelo se para porque se repele con el suéter que te debes poner para protegerte del frío.

¡Dios mío, estás otra vez toda "eléctrica"!

El huevo mágico

Necesitas:

- Un vaso de agua
- Un huevo fresco
- Sal

Introduce con cuidado el huevo en el vaso de agua. El huevo se deposita en el fondo del vaso. Ahora agrégale al agua una gran cucharada de sal y espera un momento.

¿Qué sucede?

Al echar sal en el agua, esta se vuelve más pesada. Por esta razón es más difícil que los objetos se hundan. Como el agua salada es más pesada que el huevo, este sube y flota.

El mar Muerto

El mar Muerto tiene un altísimo contenido de sal. Por eso, tú flotas sin mayor esfuerzo. Es más fácil nadar en el mar del Norte, que en los lagos de agua dulce.

Cree que así le va a quedar más fácil...

74

Arriba y abajo

Necesitas:
- Fríjoles
- Un vaso
- Papel de cocina y papel periódico

Pon en agua algunos fríjoles durante la noche. Llena el vaso de papel de cocina y agrégale papel periódico en el centro del papel de cocina. Luego, pon los fríjoles entre el vaso y el papel de cocina. ¡Ten el papel siempre húmedo! Cuando notes que ya hay un brote de más o menos 1 ó 2 cm voltea el vaso boca abajo y esperas unos días más.

¿Qué sucede?

¿Dónde es abajo, dónde es arriba? La planta parecería sentirlo. Las raíces siempre quieren estar abajo y el brote arriba.

Árboles con joroba

En los sitios donde han ocurrido avalanchas, se pueden ver algunos árboles con formas muy raras. Esto sucede cuando los brotes aún muy jóvenes son aplastados por el peso de la nieve, sin embargo, en primavera vuelven a salir, pero ya tienen las marcas y la "joroba" permanente.

> Te ves un poco maltrecho...

> Es que ya tengo varias avalanchas encima...

El globo de agua alocado

Necesitas:

- Un globo

Llena el globo con más o menos medio litro de agua y luego ínflalo. Ahora, con un amigo o amiga, trata de lanzarlo y atraparlo.

¿Qué sucede?

El globo vuela totalmente distinto a lo que se piensa. El agua se balancea dentro del globo y determina así la dirección del vuelo. ¡De verdad, es difícil atrapar el globo!

El sitio adecuado en un bote

Si hay varias personas en un bote, hay que mirar bien dónde se sienta cada una. Se debe buscar el "centro de gravedad" que tiene que estar precisamente en toda la mitad. Eso se consigue si se reparten todos de manera equitativa. Si alguno se para, el bote comienza a ladearse.

Así por lo menos tenemos un poquito de chance...

¡3, 2, 1, despegue!

Necesitas:

- Una botella de plástico con tapa de rosca
- Dos pitillos de diferente grosor
- Pegante

Perfora la tapa de rosca de manera que el pitillo más delgado quepa. ¡Déjate ayudar de un adulto! Luego cubre muy bien el agujero con pegante. Ahora corta un poco el otro pitillo, ponle algo de pegante e insértalo encima del más delgado. Ahora presiona la botella muy duro.

¿Qué sucede?

El aire en la botella es presionado y quiere extenderse. La presión hace que el pitillo superior salga disparado.

Las pepas de las cerezas

El que más lejos puede escupir la pepa de una cereza es aquel que puede recoger mucho aire en la boca y presionarlo. Luego, debe botar ese aire en el menor tiempo y todo de una vez. Así la pepa sale disparada de la boca.

La frescura del huevo

Necesitas:

- Un huevo fresco (que no tenga más de 6 días y que esté guardado en el refrigerador)
- Un huevo viejo (que tenga más de 6 días y que se haya guardado fuera del refrigerador)
- Un recipiente con boca ancha

Pon los dos huevos en el recipiente con agua. ¿Ves la diferencia?

¿Qué sucede?

En la punta roma del huevo se forma una burbuja de aire. Cuanto más viejo esté el huevo más grande es la burbuja. Por tanto, el huevo viejo queda sobre la superficie. El huevo fresco, en cambio, se queda abajo. Si quieres comprobar si un huevo está fresco, ponlo en agua: si flota en la superficie, ¡no te lo debes comer!

Otra prueba de frescura

Si un huevo duro no se deja pelar bien, significa que está fresco. Por el contrario, si es fácil de pelar, entonces el huevo tiene ya sus días.

¿Qué quiere decir en este caso viejo?

82

La nariz doble

Necesitas:
- Un amigo o una amiga

Cruza el dedo índice con el dedo del corazón. Ahora pasa muy suavemente esos dos dedos sobre el filo de la nariz de tu amigo o de tu amiga. Cierra los ojos.

¿Qué sucede?
¡Piensas que estás acariciando dos narices!

La sensación después de ir al odontólogo

¿Alguna vez te han puesto anestesia en el odontólogo? Aun horas después sientes extraña tu mejilla: puedes sentirla gruesa o muy blandita; nada es normal cuando pasas un dedo por ella. Lo que sucede es que los nervios de la mejilla procesan una información distinta a la de tus dedos.

El tronco ruidoso

Necesitas:

- Un tronco que hayas visto en un paseo al bosque

Pon tu oído en una de las puntas del tronco y deja que un amigo o amiga arañe la otra punta del tronco.

¿Qué sucede?
El sonido es transportado por la madera. El ruido se puede oír muy bien en la otra punta.

Un aviso ruidoso

Una ardilla que está bien arriba en un árbol oye perfectamente si una marta está subiendo. El ruido de las uñas del animal se puede sentir y la ardilla alcanza a huir.

El misterio de las montañas de hielo

Necesitas:
- Globos con agua
- Un recipiente bien grande con agua

Llena unos cuantos globos con agua y congélalos. Luego, saca las bolas de hielo de los globos y ponlas a flotar en el recipiente con agua.

¿Qué sucede?

¡Esas grandes bolas de hielo flotan! Claro que gran parte de la bola de hielo está bajo el agua, sólo sobresale un pedacito. Entre otras cosas, si organizas una fiesta, haz grandes bolas de hielo y ponlas en el jarrón de jugo. ¡Es todo un éxito!

¡Oh, viste, una montaña de helado de frutas... vamos!

El peligroso iceberg

El agua tiene otra característica bien extraña: cuando se congela pesa menos. Por eso flotan los icebergs en el mar. Precisamente porque sólo se ve una parte del iceberg, estos pueden resultar fatales para los barcos.

Un extintor dulce

Necesitas:

- Un vaso
- Una veladora (que se pueda prender)
- Un sobrecito de polvo efervescente

Échale agua hasta la mitad a un vaso que tenga una veladora adentro. Agrégale luego al agua el polvo efervescente.

¿Qué sucede?

El polvo efervescente forma con el agua dióxido de carbono. Las velas necesitan oxígeno para estar prendidas. Cuando el dióxido de carbono sube, ahoga la llama.

> ¿Cómo te sabe si le echo un poco de refresco?

¡Suena!

¿Sabías que a la Coca-Cola también se le conoce como limonada efervescente? Todas las gaseosas tienen gas (ácido carbónico) que burbujea de lo lindo. Si uno deja las gaseosas destapadas por un tiempo, se sale el gas y pierden toda la gracia.

La caja sorpresa

Necesitas:

- Una caja con tapa
- Monedas

Coloca en uno de los lados de la caja las monedas bien amontonadas y ordenadas, y luego tápala. Pon la caja sobre el borde de la mesa y empújala lo más lejos posible. ¿Qué tanto puede sobresalir del borde la caja sin que se caiga?

¿Qué sucede?

El centro de gravedad de la caja está desplazado debido a las monedas. Por tanto, la caja puede correrse muy lejos del borde.

Una grúa potente

¿Cierto que conoces esas grandes placas de concreto que cuelgan de la otra punta de una grúa? Estas placas se encargan de que el centro de gravedad se encuentre justo detrás de la cabina de mando. Por eso, cuando la grúa tiene que alzar una carga realmente pesada no se voltea.

¿Y esto es jugo de naranja?

Necesitas:

- Un cepillo de dientes
- Crema dental
- Un vaso de jugo de naranja

Lávate muy bien los dientes y para que el efecto sea aún mayor, cepíllate también la punta de tu lengua. Ahora prueba el jugo de naranja.

¿Qué sucede?

En la punta de la lengua es donde sentimos lo "dulce", en los bordes lo "ácido" y lo "salado" y atrás lo "amargo". Al cepillarte los dientes, tu lengua queda un poco anestesiada, sobre todo los receptores ubicados en la punta. Al tomar el jugo de naranja, la lengua no reconoce lo "dulce", sino sólo el sabor ácido y amargo.

¿Qué sabe a picante?

"Picante" no es un sabor. La lengua tiene células nerviosas que miden la temperatura. Nos avisan cuándo algo está muy caliente. Estas células se irritan si algo está muy picante, pero en realidad, la lengua avisa: ¡quemado! Las personas que aguantan el picante, por lo general toleran muy bien las cosas calientes.

¿Dulce?

¡No, hormigueante!

94

Pintar con arena

Necesitas:
- Arena muy fina
- Un vaso de yogur
- Un anillo de llavero y una cuerda de 50 cm
- Una caja (para meter allí la arena)

Amarra la cuerda al vaso de yogur y cuélgalo con la ayuda del anillo encima de la caja con arena, de manera que quede sobre la caja. Abre un agujero bien pequeño en el fondo del frasco y llénalo con la arena. Ahora empuja el frasco y déjalo balancearse.

¿Qué sucede?
Lentamente se forman sobre la caja unas preciosas retículas uniformes.

El espirógrafo

El espirógrafo es un juguete infantil muy apreciado que reproduce imágenes geométricas. Los matemáticos también aman el espirógrafo; con fórmulas complicadas pueden calcular muchos diseños. ¡En Internet puedes encontrar toda clase de diseños hechos con espirógrafo.

96

Una bolsa para truenos

Necesitas:

- Una hoja tamaño carta

Dobla el papel como se indica en la gráfica. Luego, junta las puntas y sostenlas. Ahora empuja con fuerza la "bolsa" desde la muñeca hacia abajo. Si te cuesta trabajo, abre un poquito la bolsa.

¿Qué sucede?

El aire en la bolsa es presionado hacia afuera. Se oye un fuerte estallido.

¿De dónde viene el trueno?

Los rayos son enormes chispas de corriente eléctrica. La corriente calienta el aire. El aire debe expandirse rápidamente y explota con un fuerte estallido. Ese es el trueno.

El ballet acuático

Necesitas:
- Una botella de agua mineral con gas
- Uvas pasas

Pon algunas uvas pasas en la botella y espera.

¿Qué sucede?
¡Las uvas pasas comienzan a bailar! Eso es el resultado del gas (ácido carbónico). Las burbujas de gas se adhieren a las uvas pasas y las levantan. Apenas se encuentran arriba, las burbujas explotan y las pasas caen nuevamente al fondo. Y todo vuelve a comenzar.

El pitillo obstinado

Cuando tienes una botella con líquido gaseoso y le pones un pitillo, este se hunde porque es más pesado que el agua. Después de un corto tiempo sube, porque las burbujas se adhieren y lo levantan.

> Yo pensé que esto de la danza acuática se refería a una función de ballet.

El agua magnética

Necesitas:
* Una regla de plástico

Frota la regla en un suéter de lana. Abre la llave del agua con cuidado y deja salir un chorro delgado; luego acerca la regla sin tocar el agua.

¿Qué sucede?

Las pequeñas partículas del agua tienen una construcción bien particular: poseen un lado cargado positivamente y el otro negativamente. Si acercas la regla cargada eléctricamente hacia el chorro de agua, las partículas del agua se voltean de manera que todas las partículas negativas se quedan del lado de la regla. (La regla quedó cargada positivamente por el suéter). Así, la regla atrae el lado negativo hacia ella.

¡Peligro en el baño!

Como el agua se carga fácilmente, debes tener cuidado con los objetos eléctricos en el baño. ¡Jamás acerques ni metas el secador de pelo en la tina o la ducha!

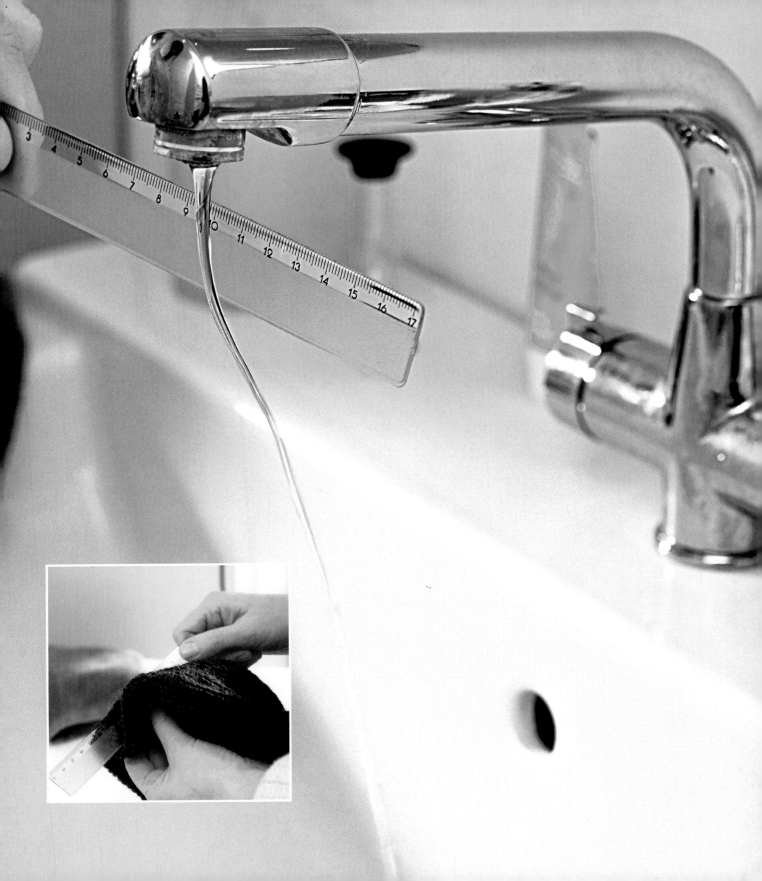

El aire como pegante

Necesitas:
- Un globo
- Un pocillo

Pon el globo en el pocillo e ínflalo, cuando tenga suficiente aire y ya no puedas seguir inflando, alza el pocillo cogiéndola desde el globo.

¿Qué sucede?
El globo sujeta y alza el pocillo taza sin problema y además, es muy seguro.

Los ganchos por aspiración

La "fuerza adhesiva" del aire se usa en muchos dispositivos fijadores. En los baños, por ejemplo, las toallas suelen colgarse en ganchos que están sujetos a la pared o a la puerta por esta clase de perchas de ventosa.

¿Dónde va el acuario?

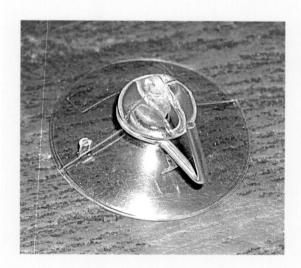

Una miniexplosión

Necesitas:

- Fósforos
- Una lupa
- Una tapa de un frasco de mermelada
- Algo de pegante

Fija los fósforos a la tapa, de manera que queden unidos por las cabezas. Lleva los rayos del sol a través de la lupa exactamente hacia la cabecita de los fósforos. Ahora, espera un poco.

¿Qué sucede?
Los rayos del sol calientan poco a poco las cabezas de los fósforos; con el tiempo se calientan tanto que ¡se prenden!

Insolaciones peligrosas

Los rayos del sol no solamente contienen luz, sino también mucha energía. Esta energía es tan fuerte que además de quemar fósforos, puede también quemar tu piel. Por eso, si no te proteges, puedes insolarte.

Bueno, vamos directo a una insolación...

106